Hani Ramadan

AL-FÂTIḤA
L'OUVERTURE

Commentaires et explications de la première sourate du Coran

بِسۡمِ ٱللَّهِ ٱلرَّحۡمَٰنِ ٱلرَّحِيمِ ١
ٱلۡحَمۡدُ لِلَّهِ رَبِّ ٱلۡعَٰلَمِينَ ٢
ٱلرَّحۡمَٰنِ ٱلرَّحِيمِ ٣ مَٰلِكِ يَوۡمِ ٱلدِّينِ ٤
إِيَّاكَ نَعۡبُدُ وَإِيَّاكَ نَسۡتَعِينُ ٥ ٱهۡدِنَا
ٱلصِّرَٰطَ ٱلۡمُسۡتَقِيمَ ٦ صِرَٰطَ ٱلَّذِينَ أَنۡعَمۡتَ
عَلَيۡهِمۡ غَيۡرِ ٱلۡمَغۡضُوبِ عَلَيۡهِمۡ
وَلَا ٱلضَّآلِّينَ ٧

Tawhid

Maquette et mise en page Mostafa B.

Seconde édition, 2008
ISBN 978-2-909087-144-9

Notes préliminaires

﴾ **Certes, Dieu et Ses anges bénissent le Prophète. Ô croyants ! Bénissez-le et adressez-lui vos salutations.** ﴿ (Coran 33/56)

D'après al-Ḥusayn, le Prophète (ﷺ) a dit : « L'avare, c'est celui qui ne prie pas sur moi quand mon nom est prononcé en sa présence. » (Aḥmad, Tirmidhî, Nasâ'î)

Ce verset et ce hadith sont sans doute à l'origine de la formule consacrée : « *ṣalla llâhu 'alayhi wa sallam* », et qui signifie « que Dieu lui accorde Sa clémence et Son salut ».

Elle est à la fois un vœu et un témoignage de respect formulés par le musulman, chaque fois que le nom du Prophète Muḥammad (ﷺ) est mentionné, que ce soit verbalement ou par écrit.

Nous avons préféré, comme de nombreux confrères, faire figurer la calligraphie (ﷺ) de la formule arabe. Le lecteur francophone comprendra intuitivement, grâce à ces quelques explications, sa signification et les raisons de sa présence après le nom du Prophète (ﷺ) dans cet ouvrage comme dans tous les ouvrages religieux.

L'éditeur

Table de translittération

Noms	Formes isolées	Transcription
hamza	ء	’
alif	ا	â
bâ	ب	b
tâ	ت	t
thâ	ث	th (anglais)
jim	ج	j
ḥâ	ح	ḥ (point en dessous)
khâ	خ	kh
dâl	د	d
dhâl	ذ	dh
râ	ر	r
zîn	ز	z
sîn	س	s
shîn	ش	sh
ṣâd	ص	ṣ (point en dessous)
ḍâd	ض	ḍ (point en dessous)
ṭâ	ط	ṭ (point en dessous)
ẓâ	ظ	ẓ (point en dessous)
‘ayn	ع	‘
ghayn	غ	gh
fâ	ف	f
qâf	ق	q
kâf	ك	k
lâm	ل	l
mîm	م	m
nûn	ن	n
hâ	ه	h
waw	و	w, û
yâ	ي	y, î

– Les trois voyelles longues : *â, î, û,* sont transcrites avec accent circonflexe.

بسم الله الرحمن الرحيم

Transcription phonétique

Al-Fâtiḥa

1. Bismi-l-Lâhi-r-Raḥmâni-r-Raḥîm
2. Al-ḥamdulil-Lâhi Rabbi-l-'âlamîn
3. Ar-Raḥmâni r-Raḥîm
4. Mâliki yawmi-d-dîn
5. Iyyâka na'budu wa iyyâka nasta'în
6. Ihdina-ṣ-ṣirâṭa-l-mustaqîm
7. Ṣirâṭa-l-ladhîna an'amta 'alayhim
ghayri-l-maghḍûbi 'alayhim
wa la-ḍ-ḍâlîn

L'ouverture

1. Au nom d'Allah, le Très Miséricordieux, le Tout Miséricordieux
2. Louange à Allah, Seigneur des univers
3. Le Très Miséricordieux, le Tout Miséricordieux
4. Maître du Jour de la rétribution
5. C'est Toi que nous adorons et c'est de Toi que nous implorons secours
6. Guide-nous dans le droit chemin
7. Le chemin de ceux que Tu as comblés de Tes bienfaits,
   non de ceux qui ont encouru la colère,
   ni des égarés.

بِسْمِ ٱللَّهِ ٱلرَّحْمَٰنِ ٱلرَّحِيمِ ١

ٱلْحَمْدُ لِلَّهِ رَبِّ ٱلْعَٰلَمِينَ ٢

ٱلرَّحْمَٰنِ ٱلرَّحِيمِ ٣ مَٰلِكِ يَوْمِ ٱلدِّينِ ٤

إِيَّاكَ نَعْبُدُ وَإِيَّاكَ نَسْتَعِينُ ٥ ٱهْدِنَا

ٱلصِّرَٰطَ ٱلْمُسْتَقِيمَ ٦ صِرَٰطَ ٱلَّذِينَ أَنْعَمْتَ

عَلَيْهِمْ غَيْرِ ٱلْمَغْضُوبِ عَلَيْهِمْ

وَلَا ٱلضَّآلِّينَ ٧

Introduction

A. La Fâtiḥa, la valeur de la sourate

Le signe qu'un être ou une chose ont une grande valeur, c'est de voir cet être ou cette chose nommés de différentes façons. Dans la tradition islamique, le Créateur a quatre-vingt-dix-neuf noms, auxquels viennent s'ajouter ceux qui sont mentionnés en dehors de cette liste, dans le Coran et la Sunna. Le Prophète Muḥammad affirma à propos de lui-même : « J'ai cinq noms : je suis Muḥammad, et je suis Aḥmad. Je suis le *Ḥâshir* (le Rassembleur الحاشر) aux pieds duquel les gens seront rassemblés (au Jour dernier). Je suis le *Mâḥî* (l'Effaceur الماحي), par lequel Dieu efface l'incroyance. Et je suis le « *'Âqib* » (l'ultime Prophète[1]). »[2]

Al-Khâzin déclare dans son commentaire : « Elle (la Fâtiḥa) a plusieurs noms, et le fait d'avoir plusieurs noms est un indice de la valeur du nommé et de son mérite.

- Le premier, c'est *Fâtiḥatu-l-Kitâb* (l'Ouverture du Livre, le Prologue). Elle est appelée ainsi parce qu'elle introduit le Coran dans la récitation et la lecture, et parce qu'elle introduit la prière.
- Le second, c'est *Sûratu-l-ḥamd* (la sourate de la Louange). Elle est appelée ainsi parce qu'elle est introduite par « Louange à Allah ».

---

1. Ibn Al-Athîr, *An-nihâya,* vol. 3, p. 268. En arabe, le mot *al-'âqib* signifie : celui qui succède à ses prédécesseurs dans la voie du bien. Ici, le nom a le sens indiqué dans la parenthèse.
2. Rapporté par Al-Bukhârî et Muslim.

- Le troisième, c'est *Ummu-l-Qur'ân* (la mère du Coran). Elle est appelée ainsi parce qu'elle constitue le fondement (la racine) du Coran, et la mère de toute chose, c'est son fondement (sa racine). On a dit aussi que c'est parce qu'elle devance (*hiya amâm*) les sourates qui la suivent.
- Le quatrième, c'est *as-sab'u-l-mathânî* (les sept répétés[3], السبع المثاني). Elle est appelée ainsi parce qu'elle est répétée dans la prière, et parce qu'elle est lue dans chaque *rak'a*[4]. On a dit aussi que c'est parce que Dieu le Très-Haut l'a réservée (*istathnâhâ* إستثناها) et l'a gardée pour cette communauté, et parce qu'Il ne l'a pas révélée à d'autres.

  On a dit également que c'est parce qu'elle a été révélée deux fois.[5]
- Le cinquième, c'est *al-Wâfiya* (l'Accomplie الوافية). Elle est appelée ainsi parce que pendant la récitation dans la prière, on ne la morcelle pas comme cela peut être fait avec les autres sourates.
- Le sixième, c'est *al-Kâfiya* (la Suffisante الكافية). Elle est appelée ainsi parce que pour accomplir la prière, il suffit de la réciter sans ajouter une autre sourate, alors qu'aucune sourate ne peut la remplacer.[6] ».[7]

3. La *Fâtiḥa* se compose de sept versets.
4. Le mot *rak'a* signifie l'inclination du corps. Ici, il désigne un cycle de prière. Les prières obligatoires se composent de deux, trois ou quatre cycles. Le croyant récite cette sourate au moins dix-sept fois par jour.
5. La plupart des savants considèrent que la Fâtiḥa est pré-hégirienne. Le verset qui affirme : « **Nous t'avons donné sept répétés** » (Coran 15/87), a été révélé pendant la période mecquoise, et leur donne raison. D'autres savants, comme Mujâhid, ont soutenu qu'elle était post-hégirienne. D'autres enfin ont déclaré qu'elle a été révélée deux fois, avant et après l'Hégire.
6. L'ensemble des savants, mis à part Abû Ḥanîfa et les *Kûfiyyûn*, considère que la lecture de la Fâtiḥâ est obligatoire pour rendre valide la prière. Le *ḥadîth* rapporté par Al-Bukhârî et Muslim ainsi que par la plupart des compilateurs reconnus de la tradition prophétique leur donne raison : « Le Prophète (ﷺ) a dit : "Il n'a pas prié, celui qui ne récite pas *Fâtiḥatu-l-Kitâb* (l'Ouverture du livre)." »

Al-Khâzin n'a cependant pas énoncé tous les noms de cette sourate. Elle est appelée aussi : aṣ-Ṣalât (la prière) selon le *ḥadîth* que nous analyserons dans le commentaire du verset 5, où Dieu dit : **« J'ai partagé la prière... »** Elle est appelée : *Ash-Shifâ'* (la guérison), *Al-Asâs* (le fondement الأساس), *Al-Wâqiya* (la protectrice, celle qui préserve الواقية), *Ar-Ruqya* (l'incantation الرقية ou l'exorcisme[8]) et *Al-Qur'ânu l-'Aẓîm* (l'immense Coran).[9]

Abû Sa'îd ibn Al-Mu'allâ affirme : « Je priais. Le Messager de Dieu (ﷺ) m'appela, et je ne lui répondis pas, jusqu'à ce que je terminasse ma prière. J'allai vers lui, et il me dit : *"Qu'est-ce qui t'a empêché de venir ?"* Je dis : "Ô Messager de Dieu, je priais." Il reprit : *"Dieu le Très-Haut ne dit-Il pas* **: 'Ô vous qui croyez, répondez à Dieu et au Messager lorsqu'il vous invite à ce qui vous donne la (vraie) vie... ?'** (Coran 8/24). Puis il ajouta : *"Je vais certes t'enseigner la sourate la plus importante du Coran avant que tu ne sortes de la mosquée."* Il prit ma main, et quand il voulut sortir de la mosquée, je dis : "Ô Messager de Dieu, tu as dit : 'Je vais certes t'enseigner la sourate la plus importante du Coran.' " Il me dit : ***"Oui, Al-Ḥamdu lil-Lâhî Rabbi l-'âlamîn***[10] (Louange à Allah, Seigneur des univers) : *elle est les sept répétés, et l'immense Coran qui m'a été donné."* »[11]

Ce *ḥadîth* authentique montre donc que la Fâtiḥa est l'équivalent du Coran, dont elle représente une synthèse remarquable, d'où son appellation : « l'immense Coran ».

---

7. Al-Khâzin, *Tafsîr*, vol. 1, p. 11.
8. L'exorcisme contre la magie et le démon. Voir le chapitre suivant : *Les vertus thérapeutiques de la Fâtiḥa*.
9. Ḥassan Al-Bannâ, *Maqâṣid al-Qur'ân al-karîm*, pp. 32-33.
10. C'est-à-dire la Fâtiḥâ.
11. Rapporté par Aḥmad, Al-Bukhârî, Abû Dawûd, An-Nasâ'î, Ibn Mâja. Le même récit s'est produit avec Ubayy ibn Ka'b, rapporté également par At-Tirmidhî.

B. Les vertus thérapeutiques de la Fâtiḥa

La tradition reconnaît que la Fâtiḥa a des vertus thérapeutiques et peut servir d'exorcisme.

Abû Sa'îd Al-Khudrî rapporte que des compagnons du Prophète (ﷺ) arrivèrent dans une tribu arabe, qui leur refusa l'hospitalité. Sur ces entrefaites, le chef de la tribu fut piqué (par un animal venimeux). Les membres de cette tribu dirent aux compagnons : « Avez-vous sur vous quelque remède ou y a-t-il parmi vous un quelconque exorciste ? » « Du moment, répondirent les compagnons, que vous ne nous avez pas donné l'hospitalité, nous ne ferons rien tant que vous ne nous aurez pas fixé d'avance une rétribution. » Un des compagnons récita donc la mère du Coran (la Fâtiḥa), accumulant sa salive dans sa bouche et soufflant sur le chef, de sorte qu'il guérit. On amena des moutons (comme rétribution), mais les compagnons dirent qu'ils n'y toucheraient pas avant d'avoir interrogé le Prophète. Celui-ci, consulté, sourit et dit : « *Qui t'a appris qu'elle (la Fâtiḥa) constituait un exorcisme ? Prenez les moutons et gardez-en pour moi une part.* »[12]

Dans son commentaire du *Ṣaḥîḥ* d'Al-Bukhârî, Ibn Ḥajar Al-'Asqalânî cite Ibn Al-Qayyim, qui affirmait : « S'il est confirmé que certaines paroles ont des vertus particulières et sont utiles, que doit-on penser – a fortiori – de la parole du Seigneur des univers, et en particulier de la Fâtiḥa ? Il n'a été révélé, ni dans le Coran, ni dans aucun Livre (révélé) une sourate identique à celle-ci : elle comprend l'ensemble des significations du Livre (le Coran). On y trouve la mention des fondements des principaux Noms divins, la confirmation du retour à Dieu, le rappel du *tawḥîd* (monothéisme) et de la dépendance de l'adorateur qui reconnaît sa pauvreté, demandant à son Seigneur de l'aider et de le guider.

12. Rapporté par Al-Bukhârî.

On y trouve la meilleure invocation, qui consiste à demander à être guidé dans le droit chemin. Ce droit chemin qui comprend une parfaite connaissance de Dieu, de Son unicité, une parfaite réalisation de Son adoration, en accomplissant ce qu'Il ordonne, ou s'écartant de ce qu'Il interdit, et en s'y tenant avec droiture. On y trouve la mention des trois catégories d'êtres humains : celui que Dieu a comblé de Son bienfait, connaissant la vérité et agissant en conséquence. Celui qui encourt la colère divine, parce qu'il s'écarte de la vérité après l'avoir reconnue. Celui qui est égaré, parce qu'il ne reconnaît pas la vérité. Avec, en plus, la confirmation du destin, de la loi, des Noms divins, du retour à Dieu, du repentir, de la purification de l'âme, de la réforme du cœur, du rejet de tout innovateur.

Il est évident qu'une telle sourate, dont voilà quelques-unes des caractéristiques, a le mérite de guérir de tous les maux. Et Dieu est plus savant. »[13]

Parlant de la Fâtiḥa, Ibn Al-Qayyim affirme encore : « C'est le plus facile et le plus aisé des médicaments. Si l'adorateur savait se servir de la Fâtiḥa en tant que médicament, il en observerait les effets prodigieux dans la guérison. » Ibn Al-Qayyim relate ensuite son expérience personnelle : « Je suis resté à la Mecque un certain temps, saisi par diverses maladies et ne trouvant ni médecin, ni médicament. Je me soignais moi-même au moyen de la Fâtiḥa, et j'en observais les effets prodigieux. Je décrivais ce remède à ceux qui se plaignaient d'une quelconque douleur. Beaucoup d'entre eux guérissaient rapidement. »[14]

Ibn Al-Qayyim indique cependant que l'efficacité d'un tel traitement dépend aussi de la conviction de celui qui l'administre, et de la disposition du malade à le recevoir.

---

13. Ibn Ḥajar *Fatḥu l-bârî*, vol. 10, p. 209.
14. Ibn Al-Qayyim, *Ad-dâ'u wa-d-dawâ'*, *Le mal et le remède*, p. 8.

COMMENTAIRES

Verset n° 1

بِسْمِ ٱللَّهِ ٱلرَّحْمَٰنِ ٱلرَّحِيمِ ﴿١﴾

Au nom d'Allah

Ce qui signifie : « C'est au nom de Dieu que j'entreprends ma lecture. » Par Lui, grâce à Lui, je reçois la lumière et la bénédiction comprises dans Sa parole.

Allah est le nom propre de Dieu, par lequel aucune créature ne peut être nommée. Ce nom ne peut être mis au pluriel.

On prononce ainsi la *basmalah* (Au nom d'Allah, le Très Miséricordieux, le Tout Miséricordieux) au début de chaque chapitre du Coran, à l'exception de la 9e sourate.

Avant toute action entreprise, il est recommandé de dire : « Au nom d'Allah. » Le Prophète (ﷺ) aurait affirmé : « *Toute action d'importance, que l'on ne commence pas au nom d'Allah* (dans une version du *ḥadîth* : au nom d'Allah le Très Miséricordieux le Tout Miséricordieux) *est "mutilée"*. »[15]

---

15. Ce qui signifie qu'elle est incomplète, « amputée ». Bien que de faible authenticité selon certains savants, il est fortement recommandé d'agir selon le sens de ce *ḥadîth*.

On dit ainsi *bismi l-Lâhi* avant de se nourrir, lorsque l'on met ses habits, lorsque l'on entre dans la mosquée, lorsque l'on sort de chez soi et lorsque l'on utilise un moyen de locomotion, etc.

Cette évocation constante du nom de Dieu, rattachant la conscience du musulman à la vérité divine, caractérise la foi musulmane qui imprègne de sa lumière les gestes et les paroles du croyant.

La *basmalah* constitue en ce sens un art de vivre avec Dieu, le sachant présent dans le secret de chacun de nos actes. Toute œuvre entreprise ne parvient à son accomplissement que par l'effet de Sa générosité et de Sa grâce.

Seule la lumière divine peut nous tirer de nos ténèbres. Seule la puissance de Dieu peut remédier à notre faiblesse. « Au nom d'Allah » signifie ainsi que je ne peux rien sans Lui.

Le Très Miséricordieux, le Tout Miséricordieux

Le nom propre de Dieu « Allah » est suivi dans la *basmalah* de deux noms qui ont une valeur descriptive :

– *Ar-Raḥmân* : le Très Miséricordieux,

– *Ar-Raḥîm* : le Tout Miséricordieux.

Ces deux termes ont une même racine qui nous renvoie à la Miséricorde : *raḥma*. Le premier – *ar-Raḥmân* – indique que Dieu est Miséricordieux par essence. Indépendamment de Sa création, Il possède cette qualité suprême. Le second terme – *ar-Raḥîm* – indique le rapport qui lie Dieu à Ses créatures. Le premier terme relève de l'ordre de la description, le second relève de l'ordre de l'action. Le Coran affirme ainsi : « **Et Il est Tout Miséricordieux (*raḥîm*) vis-à-vis des croyants**. »[16]

16. Cette interprétation est celle d'Ibn Al-Qayyim.

Tout comme Son nom propre Allah, le mot *Raḥmân* est exclusivement réservé au Créateur. On ne peut l'utiliser pour désigner une quelconque créature. Le mot *raḥîm*, au contraire, s'emploie comme qualificatif pour décrire les êtres créés. Le Prophète (ﷺ) est ainsi un « **Messager... compatissant et tout miséricordieux (*raḥîm*) envers les croyants.** » (Coran 9/128). On peut appeler son fils *Raḥîm* (l'équivalent de Clément en français), mais il est impossible de le nommer *Raḥmân*.

Il existe une multitude de noms divins : Il est le Roi, l'Infiniment Sage, le Créateur, l'Omniscient... Il est intéressant d'observer ici que les deux noms que Dieu a choisi de mentionner dans la *basmalah*[17] accompagnant Son nom propre sont tous deux liés au thème de la Miséricorde. Cela signifie que la qualité essentielle qui lie l'être humain à Dieu est la Miséricorde. La *raḥma* comprend l'idée de compassion, d'amour, de douceur, de protection. Si nous observons ce sentiment entre les créatures, entre l'enfant et sa mère par exemple, nous ne pouvons en revanche en saisir la profondeur et l'incommensurabilité en Dieu. Le Prophète dit : *« Allah a fait que la raḥma (la Miséricorde) comprenne cent parties. Il a retenu auprès de lui quatre-vingt-dix-neuf parties, et il a fait descendre sur terre une partie : de là vient que les créatures sont compatissantes les unes vis-à-vis des autres. Au point que la jument lève son sabot par crainte de toucher son poulain. »*[18] Ce *ḥadîth* nous fait comprendre à quel point nous sommes dans l'incapacité d'avoir la moindre idée de ce que représente réellement la Miséricorde divine.

17. Et qui sont répétés au 3e verset de la Fâtiḥa.

18. Muslim donne la version suivante de ce *ḥadîth* : « Dieu le Très-Haut possède cent miséricordes. Il en a descendu une seule que les djinns, les hommes, les oiseaux, les bestiaux et les animaux rampants se partagent. Par elle, ils manifestent les uns pour les autres de la tendresse et de la compassion. Il a réservé quatre-vingt-dix-neuf miséricordes par lesquelles Il fera miséricorde à Ses adorateurs au Jour de la résurrection. »

Or, Dieu a voulu nous rappeler, et c'est ce que souligne la Fâtiḥa, que le lien le plus essentiel qui nous lie à Lui, avant la justice, avant la puissance et le pouvoir qu'Il a sur nous, reste la Miséricorde.

Verset n° 2

ٱلْحَمْدُ لِلَّهِ رَبِّ ٱلْعَٰلَمِينَ ﴿٢﴾

Louange à Allah, Seigneur des univers

Le mot arabe *ḥamd*, traduit par louange, exprime à la fois l'idée de faire l'éloge et de remercier le Créateur. *Al-ḥamdu lil-Lâhi* signifie : « La louange revient à Dieu seul. Seul, Il mérite d'être loué. » Ou encore : « Toute louange à Dieu. »

Le mot arabe *rabb* (ربّ), traduit par Seigneur, signifie à la fois le Maître, le Possesseur, Celui qui contribue au développement ou à l'éducation de Ses créatures. *Rabb* a aussi, à l'origine, le sens de *at-tarbiya*, c'est-à-dire le fait d'amener progressivement une chose à son accomplissement.

Par extension, le mot en est venu à désigner le maître, parce que ce dernier protège et développe ce qui est en sa possession. Ainsi, le chef de famille est appelé *rabb ad-dâr* (ربّ الدار), le « maître de la maison », parce qu'il a autorité sur ses membres et parce qu'il en assume l'entretien. Tout comme son épouse est appelée *rabbat ad-dâr* (ربّة الدار), la « maîtresse de la maison ». Le Prophète Yûsûf (Joseph), parlant de celui qui l'avait acheté comme esclave, affirma :

﴿إِنَّهُ رَبِّي أَحْسَنَ مَثْوَايَ.﴾

« C'est mon maître (*rabbî*), qui m'a accordé un bon asile. » (Coran 12/23).

Dans son sens absolu, toutefois, le mot *rabb* désigne exclusivement Dieu.

Le mot *'âlamîn* est le pluriel de *'âlam*, « univers », ou « monde créé ». Il signifie selon la plupart des exégètes : « Tout ce qui n'est pas Dieu. » Le pluriel indique qu'il existe plusieurs univers : l'univers des anges, l'univers des djinns, l'univers des humains, l'univers des animaux, l'univers des végétaux et des minéraux, etc.

Ibn Kathîr rapporte dans son commentaire : « Az-Zajâj a dit : "*Al-'âlam*, c'est tout ce que Dieu a créé dans ce monde et dans l'au-delà." » Al-Qurṭubî déclare : « Cette affirmation est celle qui est correcte.[19] Le terme englobe l'ensemble des univers. Dieu dit ainsi dans le Coran :

﴿ قَالَ فِرْعَوْنُ وَمَا رَبُّ الْعَالَمِينَ. قَالَ رَبُّ السَّمَاوَاتِ وَالْأَرْضِ وَمَا بَيْنَهُمَا إِنْ كُنْتُمْ مُوقِنِينَ. ﴾

"Pharaon dit : 'Qu'est donc le Seigneur des univers ?' (Moïse lui) répondit : 'Le Seigneur des cieux et de la terre, et de ce qui se trouve entre les deux, si seulement vous croyiez avec certitude !' " » Coran 26/23-24

Ce dernier verset montre bien que l'on doit comprendre les « univers » dans leur globalité. « Le mot *'âlam*, observe encore Al-Qurṭubî, est tiré étymologiquement du mot *'alâma* (علامة qui signifie signe). » Ibn Kathîr ajoute : « Parce qu'il est un signe qui indique la présence de son Créateur et Son unicité… »[20]

19. Allusion au fait que, pour certains exégètes, les « mondes » ont une signification plus restreinte se limitant, par exemple, aux êtres dotés d'une âme.

20. Ibn Kathîr, *Tafsîr* (commentaire), vol. 1, p. 24.

Dieu est le Maître de tous ces mondes existants, qu'Il a créés et dont Il assure la survie et le développement. La pierre dans sa chute, la plante dans sa croissance, l'astre dans son orbite, chaque élément de la création progresse selon des règles d'une précision inouïe. Tous renvoient avec évidence au Créateur unique.

La louange que nous adressons à Dieu est d'autant plus sincère que nous connaissons les qualités de Celui qui est loué. « Plus cette connaissance est vaste et complète, affirme l'imâm Ḥassan Al-Bannâ, plus celui qui loue est sincère. De là vient qu'il incombe aux musulmans de faire un effort considérable pour découvrir les secrets que cache l'univers, pour connaître les forces et les choses admirables qu'il renferme. Ainsi, ils prendront réellement conscience de la grandeur du Créateur. Leur louange à Dieu et leurs éloges seront sincères, issus d'une réelle compréhension, d'un sentiment profond du cœur, d'une estimation rationnelle, et ne seront pas seulement le fait de propos prononcés par imitation, ou le fait d'un culte hérité. De là vient que la plus grande louange et le plus grand éloge, c'est l'éloge que Dieu le Très glorieux fait de Lui-même. Le Prophète (ﷺ) invoquait Dieu en disant : « *Gloire à Toi. Nous ne pouvons Te louer en comprenant Ta juste valeur. Tu es Tel que Tu T'es loué Toi-même.* »[21]

Dieu est ainsi loué d'abord parce qu'Il est Dieu, pour Ses nombreuses qualités qui subjuguent la raison humaine. Et Il est loué aussi pour Ses bienfaits. Le *ḥadîth* affirme ainsi : D'après Anas, le Messager de Dieu a dit : *« Certes, Dieu est satisfait de Son adorateur qui mange un repas et Le loue pour cela, ou qui consomme une boisson et Le loue pour cela. »*[22]

Le Prophète nous encourage ainsi à louer et à rendre grâce à Dieu en toute circonstance. Cette attitude doit être la nôtre même lorsque nous sommes éprouvés par un malheur.

21. Ḥassan Al-Bannâ, *Maqâṣid al-Qur'ân al-Karîm*, p. 44.
22. Rapporté par Muslim.

D'après Abû Mûsâ Al-Ash'arî, le Messager de Dieu (ﷺ) a dit : « *Lorsque l'enfant de l'adorateur meurt, Dieu le Très-Haut dit aux anges : "Vous êtes-vous saisis (de l'âme) de l'enfant de Mon adorateur ? Les anges répondent : "Oui." Il dit alors : "Vous êtes-vous saisis du fruit de son cœur ?"*[23] *Ils répondent : "Oui." Il leur demande : "Qu'a dit mon adorateur ?" Ils répondent : "Il T'a loué et a dit : 'Certes, nous appartenons à Dieu et c'est à Lui que nous retournons.' "*[24] *Dieu le Très-Haut dit alors : "Construisez pour Mon adorateur une maison au Paradis, et appelez-la la Maison de la Louange."* »[25]

Le degré le plus élevé de la louange reste cependant celui qui, au-delà des bienfaits et des épreuves, émane directement de l'adoration du Créateur, sans autre considération que Sa Grandeur et Sa Majesté. D'après 'Abd-Allah ibn 'Umar, le Messager de Dieu (ﷺ) raconta à ses compagnons qu'un adorateur d'entre les adorateurs de Dieu avait dit : « Ô Mon Seigneur ! À Toi revient toute louange, comme il convient à la Majesté de Ton Visage et à l'Immensité de Ton Autorité. » Les deux anges[26] se trouvèrent en difficulté, ne sachant pas comment l'écrire. Ils montèrent au ciel, et dirent tous deux : « Ô notre Seigneur ! Ton adorateur a dit une parole et nous ne savons pas comment l'écrire ? » Dieu Tout-Puissant et Majestueux – or, Il savait mieux ce qu'avait dit Son adorateur – demanda : « Qu'a dit Mon adorateur ? » Les deux anges répondirent : « Ô Seigneur ! Il a assurément dit : "Ô Mon Seigneur ! À Toi revient toute louange, comme il convient à la Majesté de Ton Visage et à l'Immensité de Ton Autorité." » Dieu Tout-Puissant et Majestueux leur dit alors à tous deux : « Écrivez-la (cette invocation) comme l'a dite

23. C'est-à-dire : « de l'être que son cœur chérissait. »
24. Coran 2/156.
25. Rapporté par At-Tirmidhî qui le considérait authentique, *ḥasan*.
26. Il s'agit des deux anges qui accompagnent chaque être humain et consignent ses actes.

Mon adorateur, jusqu'à ce qu'il Me rencontre. Alors, Je l'en récompenserai. »[27]

Verset n° 3

ٱلرَّحْمَٰنِ ٱلرَّحِيمِ ﴿٣﴾

Le Très Miséricordieux, le Tout Miséricordieux

(voir la *basmalah* au verset 1)

Verset n° 4

مَٰلِكِ يَوْمِ ٱلدِّينِ ﴿٤﴾

Maître [du Jour de la rétribution]...

Le premier mot de ce verset connaît deux lectures :

– *Mâlik* (مالك), qui signifie Maître, Possesseur ou Détenteur.

– *Malik* (ملك), qui signifie Roi, Souverain.

Le Coran renvoie à ces deux significations lorsque est évoqué le Jour du jugement :

﴿ ثُمَّ مَا أَدْرَاكَ مَا يَوْمُ الدِّينِ. يَوْمَ لَا تَمْلِكُ نَفْسٌ لِنَفْسٍ شَيْئًا وَالأَمْرُ يَوْمَئِذٍ لِلَّهِ. ﴾

« Encore une fois, qui te dira ce qu'est le Jour de la Rétribution ? Le Jour où nulle âme ne pourra intervenir en faveur d'une autre âme. Et ce Jour-là, le commandement sera à Dieu. » Coran 82/18-19

---

27. Rapporté par Aḥmad, Ibn Mâja, avec une bonne chaîne de transmission.

Dieu est clairement défini ici comme le *Mâlik*, Celui qui possède toute chose. Un autre passage du Coran le présente comme le Roi de ce Jour :

﴿ لِمَنِ الْمُلْكُ الْيَوْمَ ؟ لِلَّهِ الْوَاحِدِ الْقَهَّارِ. ﴾

« À qui appartient la royauté (*al-mulk*), aujourd'hui ? À Dieu, l'Unique, le Dominateur. » Coran 40/16

Aṭ-Ṭabarî affirme dans son commentaire : « Il n'y a aucune divergence entre tous les experts des idiomes de la langue arabe sur le fait que le mot *Malik*, Roi, est étymologiquement attaché au mot *mulk*, le royaume. Alors que le mot *Mâlik*, Possesseur, vient du mot *milk*, la possession. »[28]

...du Jour de la rétribution

« D'après Ibn 'Abbâs, c'est le Jour où les actions des créatures seront comptées. Le Jour où elles se lèveront, et où Dieu les rétribuera selon leurs actions : le bien pour le bien et le mal pour le mal, à moins qu'Il ne pardonne. Lui Seul commandera alors. » Puis Ibn 'Abbâs récita :

﴿ أَلَا لَهُ الْخَلْقُ وَالْأَمْرُ. ﴾

« Certes, Lui appartiennent la création et le commandement. » Coran 7/54[29]

Comme Il est le Maître de l'au-delà, Dieu est déjà le Maître des univers en cette vie. Les hommes, cependant, peuvent agir sur terre sans être immédiatement jugés. Alors qu'en ce Jour suprême, ils seront jugés sans pouvoir agir. Le Prophète (ﷺ) a dit : *« Dieu Se saisira de la terre et pliera le ciel dans Sa main droite. Puis il dira : "Je suis le Roi, où*

28. Aṭ-Ṭabarî, *Jâmi' al-Bayân*, commentaires du Coran, vol. 1, p. 65.
29. Aṭ-Ṭabarî, *Ibidem*, p. 68.

sont les rois de la terre ? Où sont les tyrans ? Où sont les orgueilleux ?" »[30] Le pouvoir des humains n'est que temporaire, et ce qu'ils possèdent ne peut être que matériel, donc périssable. Mais Dieu est le Maître du temps et de l'espace. Cette expression, « Maître du Jour de la rétribution », indique le caractère absolu et éternel de Sa domination.

Si le début de la sourate évoque la Miséricorde divine, cette seconde partie nous rappelle cependant que Dieu est juste et équitable. Dans la même logique, le Coran affirme :

﴿ نَبِّئْ عِبَادِي أَنِّي أَنَا الْغَفُورُ الرَّحِيمُ. وَأَنَّ عَذَابِي هُوَ الْعَذَابُ الأَلِيمُ. ﴾

« Informe (Ô Toi Muḥammad) Mes adorateurs[31] **que Je suis certes, Moi, le Pardonneur, le Tout Miséricordieux. Et que Mon châtiment est certes le châtiment douloureux. »** Coran 15/49-50

Les sages musulmans disent ainsi que l'espérance et la crainte sont les deux ailes sans lesquelles la foi ne peut connaître une élévation authentique vers le Créateur. Certes, comme nous l'avons déjà mentionné, la miséricorde et le pardon sont évoqués en Islam avant la perspective du jugement et du châtiment. Le Prophète (ﷺ) affirma : *« Lorsque Dieu eut créé la création, Il écrivit en un livre, placé auprès de Lui au-dessus du Trône : "Ma Miséricorde, certes, l'emporte sur Ma Colère." Et dans une version : "Ma Miséricorde a devancé Ma Colère." »*[32]

Si les êtres humains parvenaient à concevoir l'étendue de la Miséricorde divine, jamais ils ne seraient touchés par

30. Al-Bukhârî, Muslim.
31. « Mes adorateurs » : autres traductions possibles : « Mes serviteurs », « Mes esclaves ».
32. Al-Bukhârî, Muslim.

le désespoir et la détresse dont ils sont saisis lorsqu'ils commettent un grave péché. D'après 'Umar ibn Al-Khaṭṭâb, le Prophète (ﷺ) vint avec des captifs de guerre. Une femme prisonnière se précipita alors, ayant retrouvé son enfant au milieu des captifs. Elle le prit et le serra contre son ventre, puis l'allaita. Le Messager de Dieu (ﷺ) dit alors : *« Verriez-vous cette femme jeter son enfant au feu ? » Nous dîmes : « Non, par Dieu ! » Le Prophète (ﷺ) reprit : « Dieu est plus Miséricordieux avec Ses serviteurs, que celle-ci avec son enfant. »*[33]

La seule perspective de cette Miséricorde conduirait cependant la plupart des croyants à se laisser aller, et à glisser progressivement sur une mauvaise pente. L'Islam insiste au contraire sur le fait que chaque être humain porte l'entière responsabilité de ses actes, et que nulle créature n'a en son pouvoir d'effacer les péchés de son semblable. Le Prophète (ﷺ) dit ainsi : *« Par Dieu, si vous saviez ce que je sais, vous ririez peu, et vous pleureriez beaucoup. Vous ne prendriez pas de plaisir avec vos femmes dans les couches, et vous sortiriez sur les routes, implorant le secours de Dieu le Très-Haut. »*[34] Le Coran comprend des avertissements d'une grande sévérité :

﴿لَهُمْ مِنْ فَوْقِهِمْ ظُلَلٌ مِنَ النَّارِ وَمِنْ تَحْتِهِمْ ظُلَلٌ ذَلِكَ يُخَوِّفُ اللهُ بِهِ عِبَادَهُ. يَا عِبَادِ فَاتَّقُونِ.﴾

« Au-dessus d'eux (les réprouvés), ils auront des couches de feu, et des couches au-dessous d'eux. Voilà ce dont Dieu effraie Ses adorateurs. Ô Mes adorateurs, craignez-Moi donc ! » Coran 39/16

33. Al-Bukhârî, Muslim.
34. At-Tirmidhî, *ḥadîth ḥasan*.

Verset n° 5

إِيَّاكَ نَعْبُدُ وَإِيَّاكَ نَسْتَعِينُ ﴿٥﴾

C'est Toi que nous adorons et c'est de Toi que nous implorons secours.

Tout comme la sourate al-Fâtiḥa peut être considérée comme une remarquable synthèse de l'ensemble du Coran, ce verset est lui-même une synthèse de la Fâtiḥa. D'après Abû Hurayra, le Prophète (ﷺ) a dit : « *Dieu – Puissant et Majestueux – a dit* : “J'ai partagé la prière – entre Moi et Mon adorateur – en deux parties. Et Mon adorateur aura ce qu'il demande. Lorsque Mon adorateur dit : ‘Louange à Allah, Seigneur des univers.’ Dieu dit : ‘Mon adorateur M'a loué.’ Lorsqu'il dit : ‘Le Très Miséricordieux, le Tout Miséricordieux.’ Dieu dit : ‘Mon adorateur a fait Mon éloge.’ Lorsqu'il dit : ‘Maître du Jour de la rétribution.’ Il dit : ‘Mon adorateur M'a magnifié.’ Il dit une fois : ‘Mon adorateur s'en est remis à Moi.’ Lorsqu'il dit : ‘C'est Toi que nous adorons et c'est de Toi que nous implorons secours.’ Il dit : ‘Ceci est entre Moi et Mon adorateur, et il aura ce qu'il demande.’ Lorsqu'il dit : ‘Guide-nous dans le chemin droit, le chemin de ceux que Tu as comblés de Tes bienfaits, non de ceux qui ont encouru la colère, ni des égarés.’ Il dit : ‘Ceci revient à Mon adorateur, et Mon adorateur aura ce qu'il demande.’ ” »[35]

Ce *ḥadîth* nous montre quel est le sens de ce partage : les quatre premiers versets de la Fâtiḥa représentent dans la prière la part qui revient à Dieu. L'adorateur Le loue et reconnaît Sa magnificence et Son pouvoir sur toute chose. Les deux derniers versets constituent en revanche la part qui revient à l'adorateur : être guidé et comblé des bienfaits de Dieu, loin des réprouvés et des égarés.

---

35. Rapporté par Muslim, Aḥmad, Abû Dâwûd, At-Tirmidhî, An-Nasâ'î.

Reste le cinquième verset, que Dieu et Son adorateur se partagent : « C'est Toi que nous adorons » : c'est la part qui revient à Dieu ; « Et c'est de Toi que nous implorons secours » : c'est la part qui revient à l'adorateur.

Ce verset résume ainsi l'essentiel de la foi musulmane, qui établit la relation qui va de l'adorateur à Dieu, et de Dieu à l'adorateur. Ce lien est déterminé par deux termes : l'adoration et l'imploration. Dieu est connu en tant qu'Il est Allah, c'est-à-dire Celui qui Seul mérite d'être adoré. Il est connu en tant qu'Il est *ar-Rabb* (الرب), c'est-à-dire Celui qui Seul est le Maître des mondes, qu'Il a créés et dont Il assure la survie et le développement.

L'imâm Ibn Al-Qayyim a consacré une œuvre volumineuse à l'explication de ce seul verset, appelée : *Madârij as-sâlikîn bayna manâzil iyyâka na'budu wa iyyâka nasta'în* (Le cheminement[36] de ceux qui suivent la voie des initiés), ouvrage dans lequel il commente la *Voie des initiés*, écrite par le savant Ismâ'îl Al-Harawî. Il y affirme notamment : « Le secret de la création et du commandement divin, la raison d'être des Livres révélés et des législations divines, de la récompense et du châtiment, reviennent et se résument à ces deux mots (l'adoration, *al-'ibâda* العبادة, et l'imploration, *al-isti'âna* الاستعانة). Il s'agit-là de deux mots que se partagent le Maître (*ar-Rabb*) et Son adorateur (*al-'abd* العبد)... »

Al-'ibâda (l'adoration) comprend deux fondements : un amour extrême accompagné d'une humilité complète. » Ibn Al-Qayyim explique que les polythéistes arabes reconnaissaient l'existence d'un Maître suprême, Créateur de l'univers. Il en veut pour preuve le Coran :

﴿ وَلَئِن سَأَلْتَهُم مَّنْ خَلَقَهُمْ لَيَقُولُنَّ اللَّهُ. ﴾

---

36. Le « cheminement » ou « l'élévation par degrés ».

« Et si tu leur demandais qui les a créés, ils diraient certainement : Allah. » Coran 43/87[37]

Leur erreur a été cependant de ne pas Lui vouer une adoration exclusive, en Le considérant comme le Seul Dieu digne d'être aimé et d'être servi.

Ḥassan Al-Bannâ remarque dans son commentaire que le sens linguistique du mot *'ibâda,* c'est « l'obéissance dans l'humilité la plus complète ». Pourtant, affirme-t-il, cette définition ne suffit pas à rendre le sens profond voulu par l'emploi de ce terme. Il cite Muḥammad 'Abduh, qui en donne le meilleur éclairage : « Qu'est-ce donc que l'adoration ? Le style authentique et l'usage pur de la langue arabe indiquent que l'adoration est une forme d'humilité conduite à l'extrême, qui naît du sentiment éprouvé par le cœur devant l'immensité de l'Adoré, sans en connaître l'origine. Cette forme d'humilité naît de sa croyance en le pouvoir que détient (l'Adoré) sans qu'il puisse en sonder l'être et l'essence. Tout ce qu'il peut en connaître, c'est qu'il est cerné par ce pouvoir. Il se situe cependant au-delà de ce qu'il peut concevoir… »[38]

L'adoration peut prendre diverses formes, mais une œuvre cultuelle réalisée sans ce sentiment d'amour et d'humilité ne peut être appelée « adoration ».

« *Al-isti'âna* الإستعانة (l'imploration) comprend également deux fondements selon Ibn Al-Qayyim : la confiance en Dieu, et le fait de s'en remettre à Lui. L'homme peut faire confiance à quelqu'un, sans pour autant vouloir s'en remettre à lui pour réaliser ses affaires, et cela malgré sa confiance, parce qu'il n'a pas besoin de lui. Il peut au contraire s'en remettre à quelqu'un – alors qu'il n'a pas confiance en lui – parce qu'il a besoin de lui, du fait de l'absence d'une personne susceptible de le remplacer. »

37. Voir aussi : Coran 39/38, Coran 23/84-89.
38. Muḥammad 'Abduh, *Tafsîr*, in *Maqâṣid*, pp. 49-50.

L'imploration suppose – et l'on ne peut que s'émerveiller de la finesse de l'analyse d'Ibn Al-Qayyim – à la fois une confiance absolue en Dieu et la conscience d'une entière dépendance qui conduit l'adorateur à s'en remettre à Lui.

Demander de l'aide peut se faire entre les créatures. Les hommes dépendent les uns des autres, et le fait d'implorer uniquement le Créateur ne doit pas occulter cette autre réalité. Bien plus, les hommes se rapprochent de Dieu lorsqu'ils s'entraident et se soutiennent. Le Prophète (ﷺ) enseignait ainsi : *« Dieu vient en aide à l'adorateur dans la mesure où celui-ci vient en aide à son frère. »*[39]

Il reste qu'aucune aide ne peut nous être vraiment utile en dehors de la volonté de Dieu. En dernier recours, Lui Seul a en Son pouvoir de nous accorder guérison, victoire, succès, clairvoyance, compréhension et sagesse. Cela ne doit pas nous empêcher d'aller chez le médecin, d'affûter nos armes, de préparer soigneusement nos projets, d'user de notre intelligence et de notre sens critique.

Ce verset réunit donc les deux fondements de l'Islam : l'adoration et l'imploration, accomplis dans le sens du monothéisme le plus pur. On remarque qu'il comprend une tournure emphatique qui exprime l'exclusivité. On aurait pu lire en effet : « Nous T'adorons et nous implorons Ton secours. »

Le style coranique indique de façon beaucoup plus précise que Dieu Seul doit être adoré et imploré : « *C'est Toi* que nous adorons et *c'est de Toi* que nous implorons secours. » Le complément est mis en évidence et précède les deux verbes, ce qui comprend un certain nombre d'enseignements qu'a énumérés Ibn Al-Qayyim :

- L'attitude révérencieuse de l'adorateur qui mentionne Dieu avant ses actions.

---

39. Rapporté par Muslim.

- Le fait de concentrer son attention et d'orienter l'essentiel de sa réflexion vers Lui.
- Le caractère exclusif de l'adoration et de l'imploration.

Le verset a la même intensité que l'expression : « Nous n'adorons que Toi, et nous n'implorons secours que de Toi ».

Autre subtilité relevée par Ibn Al-Qayyim : la répétition de « C'est (de) Toi ».[40] L'insistance porte autant sur l'adoration que sur l'imploration.

Tout acte d'adoration, intérieur ou extérieur, dans le fond ou dans la forme, doit être accompli exclusivement pour Dieu : prières, prosternations, vœux, sacrifices, serments, peur, espérance, confiance, retour à Dieu, amour, désir et crainte, reconnaissance de la grandeur de Dieu, état d'humilité et abandon de la volonté.

Toute imploration ne doit être adressée qu'à Dieu : invocations, supplications, recherche de renfort, réalisation des besoins, etc.

L'Islam nous enjoint de réaliser le monothéisme à ces deux niveaux : dans l'adoration de Dieu (*tawḥîd al-ulûhiyya* توحيد الألوهية), et sous la dépendance du Maître (*tawḥîd ar-rubûbiyya* توحيد الربوبية).

Ibn Al-Qayyim remarque que ces deux fondements – l'adoration et l'imploration – sont évoqués à cinq autres reprises dans le Coran :

١. ﴿ وَمَا تَوْفِيقِي إِلَّا بِاللهِ عَلَيْهِ تَوَكَّلْتُ وَإِلَيْهِ أُنِيبُ. ﴾

« Et ma réussite ne dépend que de Dieu. En Lui je place ma confiance, et c'est vers Lui que je reviens repentant. » Coran 11/88

---

40. En arabe, la formule est exactement la même au niveau de l'adoration et de l'imploration : *iyyâka*, c'est Toi.

2. ﴿ وَلِلَّهِ غَيْبُ السَّمَاوَاتِ وَالْأَرْضِ وَإِلَيْهِ يُرْجَعُ الْأَمْرُ كُلُّهُ. فَاعْبُدْهُ وَتَوَكَّلْ عَلَيْهِ. ﴾

« À Dieu appartient ce qui est caché des cieux et de la terre, et c'est à Lui que revient l'ordre tout entier. Adore-Le donc et place ta confiance en Lui. » Coran 11/123

3. ﴿ رَبَّنَا عَلَيْكَ تَوَكَّلْنَا وَإِلَيْكَ أَنَبْنَا وَإِلَيْكَ الْمَصِيرُ. ﴾

« Ô notre Seigneur, c'est en Toi que nous mettons notre confiance et à Toi nous revenons (repentants). Et vers Toi est le devenir. » Coran 60/4

4. ﴿ وَاذْكُرِ اسْمَ رَبِّكَ وَتَبَتَّلْ إِلَيْهِ تَبْتِيلًا. رَبُّ الْمَشْرِقِ وَالْمَغْرِبِ لَا إِلَٰهَ إِلَّا هُوَ فَاتَّخِذْهُ وَكِيلًا. ﴾

« Et rappelle-toi le nom de ton Seigneur et consacre-toi totalement à Lui. Le Seigneur du Levant et du Couchant. Il n'y a point de dieu à part Lui. Prends-le donc comme Protecteur. » Coran 73/8-9

5. ﴿ قُلْ هُوَ رَبِّي لَا إِلَٰهَ إِلَّا هُوَ عَلَيْهِ تَوَكَّلْتُ وَإِلَيْهِ مَتَابِ. ﴾

« Dis : "C'est Lui mon Seigneur. Pas d'autre dieu à part Lui. En Lui je place ma confiance. Et à Lui je me repens." » Coran 13/30

« Ces six passages, (avec le verset 5 de la Fâtiḥa), affirme Ibn Al-Qayyim, réunissent ces deux fondements que sont : "C'est Toi que nous adorons, et c'est de Toi que nous implorons secours." »

On peut ajouter à ces extraits un septième verset :

﴿ ذَٰلِكُمُ اللهُ رَبُّكُمْ لَا إِلَـٰهَ إِلَّا هُوَ. خَالِقُ كُلِّ شَيْءٍ. فَاعْبُدُوهُ وَهُوَ عَلَىٰ كُلِّ شَيْءٍ وَكِيلٌ. ﴾

« Voilà Dieu, votre Seigneur ! Il n'y a de dieu que Lui, Créateur de toute chose. Adorez-Le donc. C'est Lui qui a la charge de toute chose. » Coran 6/102

Ibn Al-Qayyim observe encore : « Le fait que l'adoration précède l'imploration dans la Fâtiḥa ressort de la règle que les buts devancent les moyens.[41] L'adoration, en effet, est le but des adorateurs, pour lequel ils ont été créés. L'imploration est un moyen d'accéder à ce but. Du fait aussi que « C'est Toi que nous adorons » relève de Dieu en tant qu'Il est adoré et appelé Allah, alors que « C'est de Toi que nous implorons secours » relève de Dieu en tant qu'il est le Maître et appelé *ar-Rabb* (le Seigneur).

Dieu a fait en sorte que l'expression : « C'est Toi que nous adorons » devance l'expression : « C'est de Toi que nous implorons secours », tout comme Il a placé le nom « Allah » devant le nom « *ar-Rabb* » au début de la sourate.[42]

Parce que « C'est Toi que nous adorons » est la part du Seigneur, et figure dans la première partie (de la sourate) qui est consacrée à la louange de Dieu le Très-Haut, qui Lui revient avant tout. Alors que « c'est de Toi que nous implorons secours » est la part de l'adorateur, et figure dans la (seconde) partie qui Lui revient, et qui est : « Guide-nous dans le chemin droit », jusqu'à la fin de la sourate. »[43]

Ibn Al-Qayyim cite encore son maître Ibn Taymiyya, qui affirma : « J'ai médité sur l'invocation la plus utile : il m'est apparu que c'est celle qui consiste à demander à Dieu Son

41. Dans le sens que le but a plus d'importance que le moyen, puisqu'il représente la finalité de notre action.
42. Verset 2 : « Louange à Allah, Seigneur des univers. »
43. Ibn Al-Qayyim, *Madârij as-sâlikîn, 'ibâda wa sti'âna*, p. 90.

aide pour obtenir Son agrément. Puis j'ai observé que cette invocation se trouvait dans la Fâtiḥa, dans (le verset) : "C'est Toi que nous adorons et c'est de Toi que nous implorons secours." »

Parce qu'il aimait Mu'âdh ibn Jabâl, le Prophète (ﷺ) lui enseigna l'invocation suivante en lui disant : *« Ô Mu'âdh, par Dieu, je t'aime vraiment. N'oublie donc pas de dire après chaque prière : "Ô Dieu ! Aide-moi à me souvenir de Toi, à Te remercier et à T'adorer d'une belle façon." »*

En général, les invocations en Islam comprennent ce double aspect : la reconnaissance de Dieu par la foi, suivie de l'imploration. L'adorateur commence ainsi par évoquer la Majesté divine, ou certains de Ses Noms et de Ses qualités, ou il confirme sa foi en Dieu ; puis il L'implore en exprimant sa requête. Ce qui correspond à la structure du cinquième verset de la Fâtiḥa. Donnons-en deux exemples, l'un tiré du Coran et l'autre du *ḥadîth* :

﴿ رَبَّنَا إِنَّنَا آمَنَّا فَاغْفِرْ لَنَا ذُنُوبَنَا وَقِنَا عَذَابَ النَّارِ. ﴾

« Ô Seigneur, nous avons la foi ; pardonne-nous donc nos péchés et protège-nous du châtiment du feu. » Coran 3/16

On trouve dans ce verset la dimension de l'adoration (la foi) et la dimension de l'imploration (la demande du pardon et de la protection divine).

Dans le *ḥadîth*, il est rapporté que le Prophète (ﷺ), lorsqu'il se levait pour accomplir la prière de la nuit, invoquait Dieu en ces termes :

« Ô Dieu, à Toi toute louange ! Tu es Celui qui ordonne les cieux et la terre et ceux qui s'y trouvent.

À Toi toute louange ! Tu détiens la royauté des cieux et de la terre et de ceux qui s'y trouvent.

À Toi toute louange ! Tu es la Lumière des cieux et de la terre et de ceux qui s'y trouvent. À Toi toute louange !

Tu es la Vérité. Ta promesse est Vérité. Ta rencontre est Vérité.[44] Ta parole est Vérité. Le Paradis est Vérité, et l'Enfer est Vérité. Les Prophètes sont Vérité. Muḥammad est Vérité.

Ô Dieu, c'est à Toi que je me soumets. C'est en Toi que je crois. C'est à Toi que je m'en remets. C'est vers Toi que je reviens. C'est pour Toi que je prends parti. C'est à Ton jugement que je me tiens. Pardonne-moi donc mes erreurs passées et à venir, ce que j'ai caché et ce que j'ai montré, et ce que Toi, Tu connais mieux de moi.

C'est Toi qui fais avancer, et c'est Toi qui fais reculer. Il n'y a de dieu que Toi. Et nulle puissance, ni force, sinon par Dieu. »[45]

L'analyse de cette très belle invocation nous révèle une structure qui correspond à la disposition des versets de la Fâtiḥa : (1) Dieu est loué et reconnu comme le Maître absolu des Cieux et de la Terre, du Paradis et de l'Enfer, et l'adorateur affirme sa soumission et sa foi exclusive en Lui. (2) Il L'implore enfin de lui accorder Son pardon.

En fait, ce cinquième verset offre une synthèse que l'on retrouve dans la profession de foi musulmane : « Je témoigne qu'il n'y a de dieu que Dieu, et que Muḥammad est le Messager de Dieu. » La première partie de cette profession signifie que Seul Allah peut être adoré en vérité. La deuxième partie signifie que la voie qui conduit à Dieu est celle de la prophétie. Muḥammad est un guide pour l'humanité entière. Il est une miséricorde pour les mondes. Le Coran affirme :

﴿وَمَا أَرْسَلْنَاكَ إِلَّا رَحْمَةً لِلْعَالَمِينَ.﴾

44. Dans le sens : cette rencontre se réalisera avec certitude.
45. Rapporté par Al-Bukhârî.

« Et Nous ne t'avons envoyé que comme une miséricorde pour les univers. » Coran 21/107

Cette miséricorde est la part qui revient à l'adorateur, offerte par Dieu. En suivant le Prophète, nous nous engageons sur la voie qui conduit à Dieu, et dont la finalité est l'adoration. À la lumière de ce qui vient d'être dit, on comprend de façon beaucoup plus profonde le sens de certains *hadîths*. Lorsque le Prophète (ﷺ) affirme : *« Les noms les plus aimés de Dieu sont 'Abd-Allah (serviteur de Dieu) et 'Abd Ar-Raḥmân (serviteur du Très Miséricordieux) »*[46]… on se rend aisément compte que l'excellence de ces noms n'est pas arbitraire. Le premier exprime le sens qui va de l'homme à Dieu, en tant qu'Il est Adoré. Le second exprime le sens qui va de Dieu à l'homme, en tant qu'Il exprime Sa miséricorde infinie.

Lorsque le Prophète (ﷺ) fut interrogé par l'un de ses compagnons qui déclara : « Ô Messager de Dieu, dis-moi à propos de l'Islam une parole telle que je ne pourrai la demander à nul autre que toi », et qu'il répondit : *« Dis : "Je crois en Dieu" puis agis en toute rectitude… »*[47]… on retrouve pareillement ces deux dimensions de la sagesse islamique : la foi et le chemin, la vérité et la voie, l'adoration absolue de Dieu Seul, et l'engagement humain.

46. Rapporté par Muslim.
47. Rapporté par Muslim.

Verset n° 6

ٱهْدِنَا ٱلصِّرَٰطَ ٱلْمُسْتَقِيمَ ۝٦

Guide-nous dans le droit chemin

Le droit chemin, c'est celui qui est parfaitement tracé et ne comprend aucune déviation. C'est généralement la vérité que comprend le message de l'Islam. La tradition donne cependant à l'expression « droit chemin » des sens plus spécifiques. Aṭ-Ṭabarî les énumère dans son commentaire : « D'après 'Alî ibn Abî Ṭâlib, le Prophète mentionna le Coran et dit : "*Il est le droit chemin.*" »

D'après Jâbir Ibn 'Abdi-Llâh : « Guide-nous dans le chemin droit : c'est l'Islam, et il est plus vaste que ce qui se trouve entre le ciel et la terre. »

D'après 'Abd-Allah ibn 'Abbâs, ce chemin « est la religion de Dieu qui ne comprend aucune tortuosité. »

D'après Ibn Al-Ḥanafiyya : « C'est la religion de Dieu, en dehors de laquelle aucune autre n'est acceptée. »[48]

Mujâhid a dit : « Guide-nous dans le droit chemin : dans la vérité. » Ibn Kathîr ajoute : « Ce sens est plus général et il ne contredit pas les explications précédentes. »[49]

Un *ḥadîth* considéré comme authentique nous aide à mieux saisir le sens du « droit chemin » :

D'après An-Nawâs Ibn Sam'ân, le Messager de Dieu (ﷺ) a dit : « *Dieu donne en parabole un chemin droit. Des deux côtés de ce chemin, il y a deux murs comprenant des portes ouvertes. Ces portes sont couvertes de rideaux. À l'entrée du chemin, un héraut s'écrie : "Ô gens ! Entrez tous dans le chemin, et ne déviez point !" Un autre héraut appelle du haut*

---

48. Aṭ-Ṭabarî, *Jâmi' al-bayân*, I, pp. 76-75.
49. Ibn Kathîr, *Tafsîr*, I, p. 27.

du chemin. Lorsque l'homme veut ouvrir quelque chose de l'une de ces portes, il lui dit : "Pauvre de toi ! N'ouvre pas ! – Car si tu ouvres, tu entres –."

Le chemin, c'est l'Islam. Les deux murs sont les limites (les lois) de Dieu. Les portes ouvertes sont Ses interdictions. Le héraut qui appelle à l'entrée du chemin, c'est le Livre de Dieu (le Coran) ; et le héraut qui appelle du haut du chemin, c'est le sermonneur de Dieu dans le cœur de tout musulman. »[50]

Ce chemin est une voie médiane qui rejette la négligence et l'exagération. « L'homme, comme le dit Ḥassan Al-Bannâ, a besoin d'être guidé dans ce droit chemin pour chaque parole, pour chaque action, pour chaque pensée et chaque idée qui lui viennent à l'esprit. Car, à tous ces niveaux, il se trouve entre la négligence et l'exagération, et chacune de ces attitudes lui est nuisible. Ce qui lui est toujours utile et profitable, c'est la ligne médiane, c'est-à-dire le droit chemin vers lequel nous demandons à être guidé par Dieu, qu'Il soit béni et exalté, au moyen de ce verset. »[51]

Demander à Dieu d'être guidé sur le droit chemin ne signifie pas que l'on est égaré, mais que l'on espère de Dieu qu'Il nous maintienne dans la foi musulmane et nous préserve de toutes formes de déviations.

Ce chemin de droiture et de rectitude, au niveau religieux, consiste en le message transmis par le Prophète (ﷺ), sans rien y ajouter, sans rien en retrancher, sans rien en transformer. Il est évoqué en ce sens dans le Coran :

﴿ قُلْ هَٰذِهِ سَبِيلِي أَدْعُو إِلَى اللهِ عَلَىٰ بَصِيرَةٍ أَنَا وَمَنِ اتَّبَعَنِي.
وَسُبْحَانَ اللهِ وَمَا أَنَا مِنَ الْمُشْرِكِينَ. ﴾

---

50. Rapporté par Aḥmad, At-Tirmidhî, An-Nasâ'î, avec une chaîne de transmission authentique.

51. Ḥassan Al-Bannâ, *Maqâṣid al-Qur'ân*, p. 53.

« Dis : Voici ma voie. J'appelle (les gens) à Dieu. En toute clairvoyance, moi et ceux qui me suivent. Gloire à Dieu ! Je ne suis point du nombre des associateurs. » Coran 12/108

﴿ وَأَنَّ هَذَا صِرَاطِي مُسْتَقِيمًا فَاتَّبِعُوهُ وَلَا تَتَّبِعُوا السُّبُلَ فَتَفَرَّقَ بِكُمْ عَنْ سَبِيلِهِ. ﴾

« Et voilà Mon chemin dans toute sa rectitude, suivez-le donc ; et ne suivez pas les sentiers qui vous écartent de Sa voie. » Coran 6/153

﴿ وَإِنَّكَ لَتَهْدِي إِلَى صِرَاطٍ مُسْتَقِيمٍ، صِرَاطِ اللهِ الَّذِي لَهُ مَا فِي السَّمَاوَاتِ وَمَا فِي الْأَرْضِ. أَلَا إِلَى اللهِ تَصِيرُ الْأُمُورُ. ﴾

« Et, en vérité, tu guides vers un chemin droit, le chemin de Dieu à qui appartiennent ce qui est dans les cieux et ce qui est sur la terre. Oui, c'est vers Dieu que s'acheminent toutes choses. » Coran 42/52-53

L'imâm Ḥassan Al-Bannâ affirmait en substance que l'être humain dispose de quatre outils de connaissance en fonction de ses aptitudes naturelles et de son développement.

Il y a d'abord l'intuition naturelle donnée à l'enfant dès sa naissance. D'instinct, il se tourne vers le sein de sa mère, de façon quasi mécanique, sans réflexion.

Il y a ensuite les sens qui se développent avec l'âge : l'ouïe, la vue, le goût, l'odorat et le toucher. L'usage des sens donne souvent lieu à des erreurs d'appréciation.

Il y a troisièmement la raison avec ses différents instruments : la perception intellectuelle, la pensée, l'imagination, la mémoire… Elle est au fondement de tout jugement et c'est lorsqu'il en dispose librement que l'homme est jugé responsable. Elle corrige les erreurs des sens et elle permet de saisir la vérité contenue dans le monde sensible et le monde intelligible.

Il y a enfin la religion et l'orientation divine contenues dans la Révélation apportée par les Messagers et les Prophètes.

Or, l'homme peut s'égarer complètement dans l'usage de ces quatre facultés, sans en retirer aucun avantage. Il peut voir sa perception sensible ou ses facultés intellectuelles diminuer. Il peut s'écarter de la religion par ignorance. C'est pourquoi Dieu nous a enseigné cette invocation : « Guide-nous dans le droit chemin. » En préservant nos facultés de toute forme d'égarement, et en faisant qu'en toute chose, nous nous en tenions à la ligne médiane.[52]

Verset n° 7

صِرَٰطَ ٱلَّذِينَ أَنْعَمْتَ عَلَيْهِمْ
غَيْرِ ٱلْمَغْضُوبِ عَلَيْهِمْ وَلَا ٱلضَّآلِّينَ ٧

Le chemin de ceux que Tu as comblés de Tes bienfaits, non de ceux qui ont encouru la colère, ni des égarés.

Ce verset montre qu'il existe trois catégories de personnes :

- ceux que Dieu a guidés et comblés de Ses bienfaits,
- ceux qui ont encouru la colère divine,
- ceux qui se sont égarés.

52. Ḥassan Al-Bannâ, *Maqâṣid al-Qur'ân*, pp. 54-55.

La première catégorie est décrite par le verset suivant :

﴿ وَمَنْ يُطِعِ اللهَ وَالرَّسُولَ فَأُولَئِكَ مَعَ الَّذِينَ أَنْعَمَ اللهُ عَلَيْهِمْ مِنَ النَّبِيِّينَ وَالصِّدِّيقِينَ وَالشُّهَدَاءِ وَالصَّالِحِينَ. وَحَسُنَ أُولَئِكَ رَفِيقًا. ﴾

« Quiconque obéit à Dieu et au Messager… ceux-là seront avec ceux que Dieu a comblés de Ses bienfaits : les Prophètes, les véridiques, les martyrs et les vertueux. Et quels bons compagnons que ceux-là ! » Coran 4/69

D'après Ar-Rabî' ibn Anas, il s'agit des « Prophètes ». Ibn Jurayj rapporte que d'après Ibn 'Abbâs, ce sont les « croyants ». C'est aussi l'avis de Mujâhid. Pour Wakî', ce sont les « musulmans ».[53]

On peut définir généralement cette première catégorie en disant que ce sont ceux qui ont reconnu la vérité, et qui se sont comportés et ont agi selon celle-ci.

La deuxième catégorie comprend ceux qui, ayant reconnu la vérité, ont refusé cependant de la suivre, par orgueil ou par entêtement, ou tout simplement par manque de volonté. C'est pourquoi ils ont encouru la colère de Dieu. Le Coran en donne un exemple explicite, parlant de ceux qui, parmi les juifs, se sont rebellés contre l'ordre divin :

﴿ لُعِنَ الَّذِينَ كَفَرُوا مِنْ بَنِي إِسْرَائِيلَ عَلَى لِسَانِ دَاوُدَ وَعِيسَى ابْنِ مَرْيَمَ ، ذَلِكَ بِمَا عَصَوْا وَكَانُوا يَعْتَدُونَ. ﴾

« Ceux des fils d'Israël, qui n'avaient pas cru, ont été maudits par la bouche de David et de Jésus, fils de Marie, parce qu'ils désobéissaient et transgressaient. » Coran 5/78

53. Ibn Kathîr, *Tafsîr*, I, p. 28.

La troisième catégorie comprend à l'inverse ceux qui ont la volonté d'agir, mais ne reconnaissent pas la vérité en tant que telle. Le Coran donne l'exemple des chrétiens qui divinisèrent Jésus :

﴿ قُلْ يَا أَهْلَ الْكِتَابِ لَا تَغْلُوا فِي دِينِكُمْ غَيْرَ الْحَقِّ وَلَا تَتَّبِعُوا أَهْوَاءَ قَوْمٍ قَدْ ضَلُّوا مِنْ قَبْلُ وَأَضَلُّوا كَثِيرًا وَضَلُّوا عَنْ سَوَاءِ السَّبِيلِ ﴾

« Dis : Ô gens du Livre, n'exagérez pas en votre religion, par la contre-vérité. Ne suivez pas dans leurs passions les gens qui se sont égarés antérieurement, qui ont égaré un grand nombre d'hommes et qui se sont égarés de la juste voie (à propos de Jésus, fils de Marie). » Coran 5/77

L'imâm Aḥmad, ainsi qu'At-Tirmidhî, ont rapporté un *ḥadîth* mentionnant la conversion de 'Adiyy ibn Ḥâtim, après sa fuite en Syrie. Encouragé par sa sœur qui s'était convertie, il alla à Médine où le Prophète Muḥammad (ﷺ) le reçut, lui disant :

« *Ô 'Adiyy ! Qu'est-ce qui te fait fuir ? Que l'on dise : Il n'y a de dieu que Dieu ? Y a-t-il donc d'autre dieu sinon Dieu ? Qu'est-ce qui te fait fuir ? Que l'on dise : Dieu est plus grand ? Y a-t-il donc une chose qui soit plus grande que Dieu, Puissant et Majestueux* ? »

'Adiyy affirma : « Je me convertis alors à l'Islam, et je vis le visage du Prophète s'illuminer. » Il déclara alors : *« En vérité, ceux qui ont encouru la colère de Dieu, ce sont les juifs. En vérité, les égarés sont les chrétiens. »*

D'autres traditions confirment le sens de ce *ḥadîth*, mais il faut bien entendu comprendre ces deux dernières catégories – ceux qui ont encouru la colère de Dieu et les égarés – de façon générale. Elles ne se limitent pas aux seuls juifs et chrétiens.

Le cœur de l'être humain est le siège de l'intelligence et de la volonté. Par l'une, il apprend à reconnaître la vérité. Par l'autre, il est invité à agir selon celle-ci.

Selon la tradition musulmane, le diable sait parfaitement que Dieu Seul est son Maître. Mais sa rébellion est le fait d'un orgueil démesuré, et c'est pourquoi il a été maudit.[54] Le péché le plus grave, c'est celui que l'on commet sciemment, en ayant parfaitement conscience que l'on transgresse la règle divine, que l'on rejette ce que l'on sait être vrai. Un savoir qui ne se traduit pas par l'obéissance volontaire à Dieu devient ainsi nuisible, car il engage la responsabilité de l'être humain.

La volonté seule ne suffit pas non plus. Il ne suffit pas de vouloir bien faire. Celui qui, avec la meilleure intention du monde, se prosterne devant une idole pour vénérer le Créateur, est égaré.

Seuls sont comblés des bienfaits de Dieu, ici-bas et dans l'au-delà, ceux qui s'engagent sur la voie du savoir authentique et de la volonté sincère. En d'autres termes : ceux qui, adorant Dieu Seul, suivent l'exemple du Prophète (ﷺ).

Âmîn

آمين

Après avoir lu la Fâtiḥa, on dit : « *âmîn.* » Cette expression ne fait pas partie de la sourate elle-même. Elle signifie : « Ô Dieu, exauce notre prière », ou selon Ibn 'Abbâs : « Qu'il en soit ainsi ! »[55]

---

54. La malédiction et la colère divines peuvent être le plus souvent évoquées pour une même cause. Mais la malédiction se distingue de la colère du fait qu'elle est irrévocable, alors que dans le second cas, il est possible encore de se repentir et revenir à Dieu.

55. Ou « ainsi soit-il ! » Al-Khâzin, *Tafsîr*, vol. 1, p. 18.

Dans une tradition rapportée par Al-Qurṭubî, Ibn 'Abbâs affirme : *« J'ai demandé au Messager de Dieu : « Que signifie âmîn ? Il répondit : « Ô Seigneur, fais (qu'il en soit ainsi) ! »*

Selon Muqâtil, *âmîn* est une façon d'appuyer l'invocation et d'appeler la bénédiction. At-Tirmidhî déclare quant à lui : « Son sens est : Ne déçois pas notre espérance ! » Ḥassan Al-Bannâ affirme : « Toutes ces explications ont un sens rapproché : le fait de demander à Dieu de répondre aux invocations. »[56]

Dire « *âmîn* » après la récitation de la Fâtiḥa dans la prière et en dehors de la prière est une *sunna*.[57] Wâ'il ibn Ḥajar affirma : « J'ai entendu le Messager de Dieu (ﷺ) réciter : "[…] non de ceux qui ont encouru la colère, ni des égarés" et ajouter : "*âmîn*", en allongeant sa voix. »[58]

D'après Abû Hurayra, le Messager de Dieu (ﷺ) a dit : *« Lorsque l'imâm dit : "âmîn", dites : "âmîn". Certes, celui qui prononce cette expression au même moment que les anges, ses péchés passés sont pardonnés. »* Ibn Shihâb a dit : « Le Messager de Dieu (ﷺ) disait : "*âmîn*". »[59]

En ce qui concerne le sens de ce dernier *ḥadîth*, on estime que le croyant bénéficie de ce pardon s'il prononce « *âmîn* » au même moment que les anges. Certains ont prétendu que le sens est plutôt : celui qui prononce « *âmîn* » avec la même humilité et la même sincérité que les anges. C'est généralement la première interprétation qui a été retenue.[60]

---

56. Ḥassan Al-Bannâ, *Maqâṣid al-Qur'ân al-karîm*, p. 57.
57. Ce n'est donc pas une obligation sans laquelle la prière ne serait pas valable.
58. Rapporté par Aḥmad, Abû Dâwûd et At-Tirmidhî.
59. *Hadîth* authentique rapporté par l'ensemble des compilateurs de la tradition prophétique, sauf At-Tirmidhî, qui n'a pas mentionné la parole d'Ibn Shihâb. Rapporté donc, entre autres, par Al-Bukhârî, Muslim, Abû Dâwûd, An-Nasâ'î, Ibn Mâja.
60. Al-Khâzin, *Tafsîr*, p. 18.

Conclusion

La Fâtiḥa : clef de la vie spirituelle

Lorsque le Prophète Muḥammad (ﷺ) interpella l'un de ses compagnons qui était en prière pour révéler la valeur essentielle de la Fâtiḥa, il lui rappela le verset coranique qui dit :

﴿ يَا أَيُّهَا الَّذِينَ آمَنُوا اسْتَجِيبُوا لِلَّهِ وَلِلرَّسُولِ إِذَا دَعَاكُمْ لِمَا يُحْيِيكُمْ. ﴾

« Ô vous qui croyez, répondez à Dieu et au Messager lorsqu'il vous invite à ce qui vous donne la (vraie) vie. » Coran 8/24

Puis, il lui enseigna que la Fâtiḥa est « l'immense Coran » qui lui a été donné, la sourate essentielle.

Répétée avant chaque inclination, et en de multiples occasions en dehors de la prière, la Fâtiḥa est un élément constitutif de la vie spirituelle du croyant.

Elle le lie d'abord affectivement à Dieu, qui est la source de toute vérité et de tout bien.

Elle affirme que le lien fondamental qui s'établit entre l'Adoré et l'adorateur est celui de la miséricorde et de l'amour. Lien intime et profond grâce auquel l'âme de l'être humain acquiert sa plénitude, louant le Seigneur.

Elle souligne que la vie a un sens, que relève cet autre passage du Coran :

﴿ إِنَّا لِلَّهِ وَإِنَّا إِلَيْهِ رَاجِعُونَ. ﴾

« Certes, nous appartenons à Dieu et c'est à Lui que nous retournons. » Coran 2/156

Nous serons jugés en un Jour suprême dont Dieu Seul sera le Maître absolu.

Elle montre que Dieu Seul doit être adoré, et que Seul Il peut vraiment nous porter l'aide dont nous avons besoin. Elle insiste ainsi sur notre faiblesse, sur notre fragilité, sur notre dépendance extrême. Mais, par là même, elle libère la conscience humaine de toutes les formes d'idolâtries, de superstitions et de soumissions abjectes.

Le sens universel de l'adoration de Dieu Seul annonce dans la Fâtiḥa, selon l'expression heureuse de Sayyid Quṭb, « la naissance d'une libération humaine complète et entière : libération de la servilité aux conjectures, aux systèmes, aux situations. Lorsque c'est Dieu Seul qui est adoré, Dieu Seul dont on implore secours, cela signifie que la conscience humaine s'est débarrassée de son asservissement aux systèmes, aux situations et aux personnes, tout comme elle s'est débarrassée de son asservissement aux légendes, aux conjectures et aux fables. »[61]

La Fâtiḥa indique le sens de l'engagement de chacun d'entre nous : engagement éthique sur la voie du bien, rectitude dans l'action, droiture dans le comportement. Elle nous appelle à vivre selon l'ordre divin, et à ne pas agir comme ceux qui, soit par défi, soit par ignorance, ont abandonné les commandements de Dieu. Les récits de bien des peuples passés, de civilisations disparues à jamais, regorgent d'exemples illustrant la déchéance des hommes qui renièrent leur Créateur.

C'est ainsi que la Fâtiḥa nous invite à la vraie vie : celle qui établit un lien indissociable entre une spiritualité pure de toute représentation malsaine, et un engagement dans l'histoire des hommes, au service de la plus noble cause, celle de la soumission à Dieu. ◆

---

61. Sayyid Quṭb, *Fî ẓilâl al-Qur'ân*, vol. 1, p. 25.

Table des matières

Introduction 7

A. La Fâtiḥa, la valeur de la sourate 7

B. Les vertus thérapeutiques de la Fâtiḥa 10

Commentaires 13

Au nom d'Allah 13

Le Très Miséricordieux, le Tout Miséricordieux 14

Louange à Allah, Seigneur des univers 16

Le Très Miséricordieux, le Tout Miséricordieux 20

Maître [du Jour de la rétribution]… 20

…du Jour de la rétribution 21

C'est Toi que nous adorons et c'est de Toi que nous implorons secours. 24

Guide-nous dans le droit chemin 34

Le chemin de ceux que Tu as comblés 37

Âmîn 40

Conclusion 43

La Fâtiḥa : clef de la vie spirituelle 43

Chez le même éditeur

Le Noble Coran
Nouvelle traduction – bilingue
Initiation à la foi musulmane
par Ibn Uthaymin
La perle précieuse
par Al-Ghazâlî
La voie vers le Coran
par Khurram Murad
Le retour à Dieu
par Bilal Philips
Le Mahdî
par Mohamed Benchili
Comprendre le Coran
par Ahmad Von Denffer
Aspects du monothéisme musulman
par Hani Ramadan
Le mariage en Islam
par Messaoud Boudjenoun
La vie de 'Aïsha
par Asma Lamrabet
Greffe d'organes et clonage en islam
par Mohsin Ibrahim
Droits et devoirs de la femme en Islam
par Fatima Naseef
Miracles et monde caché
(recueil de hadiths)
par Hani Ramadan
Que signifie mon appartenance à l'islam ?
par Fathi Yakan
Les Compagnons du Prophète
par Messaoud Abû Usama
Relations Parents-Enfants
par Malika Dif
L'amour de Dieu et du Prophète
par Mohammed Minta
Être musulmane aujourd'hui
par Malika Dif
Djinns et démons selon l'Islam
par Mohammed Boudjenoun
La miséricorde en islam
par Hani Ramadan
Le jeûne (recueil de hadiths)
par Hani Ramadan

Les Épouses du Prophète
par Malika Dif
Islam, la voie naturelle
par Abdelwahid Hamid
Sagesses musulmanes
par Mohammed Benchili
La pureté rituelle
(recueil de hadiths)
par Hani Ramadan
Les Musulmans face
à la mondialisation libérale
collectif
La maladie et la mort en islam
par Malika Dif
Mulsumane tout simplement
par Asma Lamrabet
Les 77 branches de la foi
par Imam al-Bayhaqî
Les noms divins
par Hani Ramadan
La foi (recueil de hadiths)
par Hani Ramadan
Le Coran
format poche – bilingue
Les musulmans dans la laïcité
par Tariq Ramadan
Islam, le face à face des civilisations
par Tariq Ramadan
Aux sources du Renouveau
par Tariq Ramadan
De l'islam
par Tariq Ramadan
Jihâd en islam
par Tariq Ramadan
Musulmans d'Occident
par Tariq Ramadan
La foi, la Voie et la résistance
par Tariq Ramadan
La prière (recueil de hadiths)
par Hani Ramadan
Les Épouses du Prophète
par Malika Dif
Recommandation d'un père
par Zakaria Makri

COLLECTION OUVRAGES POUR ENFANTS

Allons à la découverte de notre religion
collectif

Mes mots arabes (imagier pour enfants)
par Mahrez Landoulsi

L'Islam expliqué aux enfants
par Ghulam Sarwar

Le petit guide de l'enfant musulman
par Noorah Kathryn

Bashir, le fils du désert
par Elisabeth Alonzo

Raconte-moi... le prophète Moussa
par Saniyasnain Khan

Raconte-moi... le prophète Youssouf
collectif

Raconte-moi...le prophète Mohammad
collectif

Apprendre l'Islam en s'amusant
par Imane Pautrat

Kalam, à la découverte de l'Islam
par Laïla Hassairy

Histoire merveilleuse du prophète Soulayman
par Neila Andrieux

COLLECTION OUVRAGES PRATIQUES

Recueil de fatwas
par le Conseil européen de la Fatwa

Hadj et Omra – guide pratique
par Mostafa Brahami

Rites funéraires en Islam
par Mostafa Brahami

Les règles du Tajwîd
par Zakaria Makri

Le guide des parents musulmans 1 et 2
par Aïcha Lionet

Enseignement de la prière
par Muhammad As-Sawaf

Le culte du musulman
par Hassan Ayyûb

Dictionnaire des prénoms arabes
par Dina Tidjani

COLLECTION POCHE / BILINGUE
(avec translittération phonétique)

Le Coran - chapitre 'Amma
traduit par Tariq Ramadan

Invocations exaucées
par Abdul Jawad

Al-Ma'thûrât
par Hassan Al-Bannâ

La citadelle du musulman
par Shaykh al-Qahtânî

Invocation et Ruqya
par Shaykh al-Qahtânî

Quarante paroles du Prophète
par Hani Ramadan

DISTRIBUTION

Librairie Tawhid
Lyon

8, rue Notre Dame
69006 Lyon - France

Librairie Tawhid
Paris

9 bis, boulevard Belleville
75011 Paris - France

Tél. : 04 72 74 19 39 - Fax : 04 78 24 01 56
e-mail : tawhid@islam-france.com
Notre site : www.islam-france.com